MARSHALL ROSENBERG

EDUCAÇÃO INFANTIL COMPASSIVA

MARSHALL ROSENBERG

EDUCAÇÃO INFANTIL COMPASSIVA

Tradução
Ana Sofia Schmidt de Oliveira

Palas Athena

Título original: *Teaching Children Compassionately: How Students and Teachers Can Succeed With Mutual Understanding*

Grafia segundo o Acordo Ortográfico da Língua Portuguesa de 1990, que entrou em vigor no Brasil em 2009.

Coordenação editorial: Lia Diskin
Revisão Técnica: Silvio de Melo Barros
Revisão de provas: Lidia La Marck, Tônia Van Acker e Rejane Moura
Capa: Vera Rosenthal
Produção e diagramação: Tony Rodrigues

Dados Internacionais de Catalogação na Publicação (CIP)
(Câmara Brasileira do Livro, SP, Brasil)

Rosemberg, Marshall
Educação infantil compassiva / Marshall Rosemberg; tradução Ana Sofia Schmidt de Oliveira. – 1. ed. – São Paulo: Palas Athena Editora, 2021.

Título original: Teaching Children Compassionately: How Students and Teachers Can Succeed With Mutual Understanding

ISBN 978-65-86864-15-1

1. Comportamento 2. Educação infantil 3. Psicologia
I. Oliveira, Ana Sofia Schmidt de. II. Título.

21-81743 CDD-155.4

Índices para catálogo sistemático:
1. Psicologia infantil 155.4

1ª edição, novembro de 2021

Direitos adquiridos para a língua portuguesa por Palas Athena Editora
Alameda Lorena, 355 – Jardim Paulista
01424-001– São Paulo, SP – Brasil
Fone (11) 3050-6188
www.palasathena.org.br
editora@palasathena.org.br

SUMÁRIO

A LINGUAGEM DO CORAÇÃO

Uma conversa de coração a coração

Apêndice

A LINGUAGEM DO CORAÇÃO

INTRODUÇÃO

O TEXTO a seguir é a transcrição de uma palestra proferida por Marshall Rosenberg em 1999, em San Diego, Califórnia, durante a Conferência Nacional de Educadores Montessorianos. Nesse texto, o autor expõe as características básicas da Comunicação Não Violenta (CNV), demonstrando que é possível utilizá-la tanto na escola e no trabalho como na vida diária. Marshall trata, de maneira especial, da linguagem das girafas e dos chacais, da expressão de sentimentos e necessidades, da distinção entre observação e avaliação, da diferença que existe entre fazer um pedido e uma exigência. Fala também do papel do poder, da punição e de uma habilidade que considera vital – a de estabelecer conexões empáticas.

Em muitos países, a Comunicação Não Violenta é popularmente conhecida como a "linguagem da girafa". A CNV é uma linguagem que inspira compaixão e traz felicidade para as relações que mantemos em todos os campos de nossas vidas. Por isso, Marshall escolheu a girafa – o animal terrestre com o maior coração – para simbolizá-la. Por ser uma linguagem que dá muita importância à expressão de sentimentos e necessidades, a CNV acolhe as vulnerabilidades, transformando-as em força.

Marshall usa com frequência um chacal de pelúcia para representar aquela parte de cada um de nós que pensa, fala ou age de um jeito que impede que tenhamos consciência tanto dos nossos próprios sentimentos e necessidades, como dos sentimentos e necessidades alheios. Quem usa a "linguagem do chacal" tem dificuldade para estabelecer conexão com os outros, e isso faz com que sua vida seja bem menos encantadora do que poderia ser. A prática da CNV nos ajuda a reconhecer e acolher os "chacais", pois ensina a aceitar aqueles hábitos e pensamentos "que não contribuem para a vida" de forma compassiva e livre de julgamentos morais, ao mesmo tempo em que nos capacita a experimentar a vida de uma maneira cada vez mais maravilhosa.

Neste livro, a palavra "girafa" e a expressão "Comunicação Não Violenta" são equivalentes (e podem também se referir a quem pratica a CNV), ao passo que a palavra "chacal" diz respeito a certas formas de pensar e falar que não refletem a CNV.

SOBRE CHACAIS E GIRAFAS

É uma grande emoção para mim estar aqui hoje e poder compartilhar algumas ideias com vocês. E estou feliz por fazer isso como retribuição, já que sou muito grato por tudo aquilo que os meus filhos obtiveram de uma educação montessoriana. Puderam entrar em contato com outras línguas desde muito pequenos e considero que isso foi um dos diversos presentes que receberam. Não acho que seja um resultado acidental o fato de o meu filho mais velho estar agora à frente de um programa que ensina inglês como segunda língua em São Paulo, Brasil, nem o fato de que o meu filho mais novo esteja finalizando o seu doutorado na Espanha. No mês que vem, ele vai me acompanhar em um projeto novo na Colômbia e será o meu tradutor. Então é uma grande alegria compartilhar algumas coisas que, espero, possam contribuir não apenas para o trabalho de vocês como professores, mas também para suas vidas pessoais.

O tipo de aprendizagem que me interessa é aquele que vem da reverência pela vida, motivado por um desejo de aprender habilidades, aprender coisas novas que nos ajudem a favorecer o nosso próprio bem-estar e o dos demais.

Por outro lado, me causa muita tristeza um tipo de aprendizagem baseada na coação. Penso que, quando isso ocorre, o aluno aprende por temer uma punição, por desejar ser recompensado com boas notas, para escapar da culpa ou da vergonha ou por qualquer outro sentimento relacionado a uma ideia de "dever". Acredito que o processo de aprendizagem é precioso demais para ser motivado por qualquer uma dessas táticas coercitivas.

Por tudo isso, me interessa investigar as pessoas que tenham a habilidade de estimular os outros a aprender, não pela coação, mas por um sentimento de reverência pela vida. E uma das coisas que descobri é que elas utilizam uma linguagem que favorece esse tipo de motivação.

À medida que fui observando indivíduos com tal habilidade, comecei a perceber que eles falam uma língua diferente daquela em que eu mesmo fui educado. É uma maneira de falar que ajuda as pessoas a se sentirem motivadas a aprender em razão de um grande respeito pela vida. Oficialmente, chamo isso de Comunicação Não Violenta, mas também gosto da expressão "linguagem da girafa", que é mais divertida e atende a propósitos pedagógicos.

Infelizmente, não fui ensinado a falar a linguagem da girafa, não frequentei escolas montessorianas. Ao contrário, frequentei escolas em que, como vocês podem imaginar, os professores falavam a linguagem do chacal e não a da girafa. Gostaria que nenhum de vocês tivesse conhecido a linguagem do chacal. Em verdade, gostaria que ela fosse banida de todas as escolas do mundo inteiro. Mas era essa a linguagem dos professores nas escolas em que estudei.

Vou dar um exemplo de alguém que fala dessa maneira. Vamos imaginar que vocês são meus alunos e eu sou o professor. Então vejo que um de vocês está sentado em sua carteira, ocupado com alguma coisa que considero estar em desacordo com os meus valores. Em vez de fazer a tarefa que determinei para a classe, esse aluno me desenhou e, no desenho, estou com uma faca enfiada nas costas, jorrando sangue.

Qual seria a minha avaliação se eu fosse um professor que usa a linguagem do chacal? Obviamente seria dizer: "Você tem algum distúrbio emocional". É assim que as pessoas que falam como chacal são treinadas a pensar. Quando surge um conflito, pensam que há algo de errado com aquele que se comporta de uma forma que afronta os seus valores.

Outros exemplos. Digamos que você não entendeu alguma coisa que eu disse; minha reação seria afirmar: "Você não é muito esperto". Por outro lado, se foi você que disse coisas que eu não consegui entender, eu poderia afirmar: "Você é grosseiro e não sabe se comportar socialmente de forma adequada". E se falei rápido demais e você não conseguiu me acompanhar? Eu diria: "Você tem algum problema auditivo". Mas, se fui eu que não consegui acompanhar o que você disse porque você fala muito rápido, eu diria então: "Você tem um problema de articulação verbal".

Como se vê, a educação do chacal é uma experiência muito esquisita. Deixem-me dar um exemplo do que acontece nas escolas dos chacais. Imagine que você é um vendedor de carros e não está conseguindo concretizar nenhuma venda. O que faz um chacal? Demite os clientes! Isso pode parecer uma coisa bem estranha, mas nas escolas que eu frequentei era exatamente isso que acontecia. A linguagem do chacal era a principal forma de comunicação. E se você não conseguisse atender às expectativas, não passava de ano nem era recompensado.

Percebi que a linguagem que poderia contribuir para um tipo de aprendizagem que considero valiosa era muito diferente daquela utilizada na minha própria educação. E por que eu a chamo de linguagem da girafa? A girafa, dentre todos os animais terrestres, é o que possui o maior coração. E como pretendo lhes mostrar, a Comunicação Não Violenta é a linguagem do coração. Para que possamos articulá-la, é preciso falar a partir do coração. Como as girafas têm um coração tão grande, não haveria um nome melhor para designar a linguagem do coração do que este.

Vou mostrar a vocês como é a linguagem da girafa – ou seja, a Comunicação Não Violenta – e vou mostrar como ela pode ser aplicada na resolução dos conflitos que surgem com os alunos, com outros professores ou com pais de alunos.

Para praticar a CNV, precisamos estar conscientes da beleza que existe em cada um de nós. Gostaria de cantar uma canção que nos ajuda a entrar num clima propício à compreensão da CNV. Talvez seja familiar para alguns. Foi escrita por um casal – Red e Kathy Grammer – e algumas das escolas montessorianas com as quais tenho trabalhado a tem usado com propósitos pedagógicos. Acho que quase todo mundo gosta dela. Chama-se: "Veja a beleza que existe em mim" ("See Me Beautiful").

VEJA A BELEZA QUE EXISTE EM MIM

Procure o melhor que há em mim

É isso o que realmente sou

E é tudo o que eu quero ser

Pode ser que leve algum tempo

Pode ser difícil de encontrar

Mas veja a beleza que existe em mim

Veja a beleza que existe em mim

Todos os dias e a cada dia

Será que você pode se arriscar

Será que pode encontrar uma maneira

De ver uma luz radiante em tudo o que faço?

De ver a beleza que existe em mim?

A CNV é uma forma de manter a nossa consciência sempre conectada com a beleza que existe em nós e nos outros, de modo que não sejamos capazes de falar qualquer coisa que possa ofuscar essa beleza. A CNV mostra como é possível ser totalmente autêntico, mas sem que isso implique em formular críticas, insultos, desqualificação ou qualquer espécie de julgamento moral. Porque, quanto mais utilizarmos palavras críticas, mais difícil será para o outro se conectar com a beleza que existe nele.

A CNV nos mostra como é possível permanecermos conectados com o que há de melhor em nós mesmos e nos outros, mesmo quando a outra pessoa não faça uso da CNV.

Um dos meus dias mais felizes como pai, foi quando o meu filho mais velho passou a frequentar uma escola que não era montessoriana. Aos 12 anos, Rick havia terminado o sexto ano em uma escola montessoriana e agora estava indo para o seu primeiro dia de aula em outra, de nosso bairro. Como havia passado seis anos em uma escola bem diferente, eu imaginava como seria para ele essa nova experiência.

Assim, quando chegou em casa depois do primeiro dia de aula, perguntei-lhe: "E aí, Rick, como foi na nova escola?". Ele estava meio cabisbaixo e disse: "Tudo bem, pai, mas, meu Deus, os professores...". Perguntei o que havia acontecido e ele respondeu: "Pai, eu nem bem havia chegado na entrada principal da escola e um professor veio em minha direção dizendo: 'Ora, ora, vejam essa menininha!'". Vocês podem imaginar o que fez com que o professor agisse daquela forma: o cabelo do meu filho era comprido, chegava aos ombros. Na escola de chacais, os professores pensam que a autoridade faz com que saibam o que é certo. Este não parece ser um conceito muito primitivo? E eles também acreditam que insultos e críticas, assim como culpa e vergonha, são boas formas de motivação. Foi assim que meu filho foi apresentado àquele novo mundo. Perguntei como havia lidado com a situação. E sua resposta foi: "Pai, me lembrei que você havia dito que, nesse tipo de instituição, eu nunca deveria delegar a eles o poder de me transformar em submisso ou rebelde". Fiquei muito empolgado, como pai, pelo fato de ele ter se lembrado daquela mensagem tão importante mesmo sob condições difíceis. Nunca conceda aos outros ou às instituições que fazem parte da sua vida o poder de transformá-lo em alguém submisso ou rebelde. Portanto, eu disse: "Puxa! Estou muito satisfeito por você ter se lembrado disso. Mas me diga, como reagiu quando o professor disse aquilo?". E ele: "Pai, novamente eu fiz o que você sugeriu: coloquei os meus ouvidos de girafa". Essa técnica é realmente incrível, pois permite que a gente enxergue a beleza na outra pessoa independentemente da linguagem que usa. E assim, não permitimos que suas palavras ou a forma como se comunicam nos arrastem para um tipo de mundo em que não queremos estar.

No momento em que colocamos as orelhas de girafa, não escutamos mais aquilo que vem da boca do outro ou de sua cabeça: vemos o que está em seu coração.

Ao final, disse ao meu filho: "Puxa, Rick, você me deixa muito feliz por ter tentado escutar o seu professor de uma maneira humana mesmo quando ele estava falando com você daquele jeito!". Com as orelhas de girafa, tudo o que escutamos são sentimentos e necessidades: é isso o que está sempre atrás de cada palavra; é esse o vocabulário básico, a chave da alfabetização da Comunicação Não Violenta – sentimentos e necessidades.

É possível aprender a identificar os sentimentos e as necessidades que estão por trás de cada palavra.

Perguntei então ao meu filho o que ele havia escutado quando colocou as orelhas de girafa para identificar os sentimentos e necessidades do professor. "Ah, era bem óbvio; escutei que ele estava irritado e certamente queria que eu cortasse o meu cabelo." Perguntei como havia se sentido com isso, e sua resposta foi: "Pai, fiquei chateado por ele; ele é careca e parecia ter um problema com esse assunto de cabelo".

Há algum tempo, trabalhando com alunos do oitavo ano no estado de Washington, ensinei a eles a estratégia que o meu filho tinha usado. Estávamos praticando como colocar as orelhas de girafa e eles me contavam algumas coisas que seus pais e professores diziam e que eram difíceis de escutar. Mostrei como poderiam se conectar com a beleza que existe naqueles adultos, como seria possível enxergá-la. Disse que, ao colocarem as orelhas de girafa, passariam a escutar os chacais cantando aquela canção "Veja a beleza que existe em mim". Os comentários que recebi me mostraram que criei uns monstrinhos naquela escola: os professores disseram que, quando um deles gritava com as crianças, elas colocavam os braços ao redor umas das outras e cantavam a canção.

Repetindo: sentimentos e necessidades constituem o vocabulário básico da CNV. Há alguns outros ingredientes, mas se você aprender a falar com esses dois, fica mais fácil para os outros enxergarem a nossa humanidade, a beleza que existe em nós. E quando vivemos efetivamente a CNV, tudo o que enxergamos são os sentimentos e as necessidades dos outros.

OBSERVAÇÃO VERSUS AVALIAÇÃO

A minha sugestão é nunca avaliar o desempenho de um aluno usando a linguagem do chacal. Vamos, como professores, retirar as seguintes palavras da nossa mente: certo, errado, bom, mal, correto, incorreto, lento ou esperto. Essa é uma linguagem perigosa.

Alguns professores de uma escola em que trabalhei nos Estados Unidos não podiam sequer imaginar como seria um dia de aula sem utilizar uma dessas palavras que classificam os alunos – certo, errado, bom, mal, correto, incorreto. Eles me perguntaram como é que poderia ser feita a avaliação de desempenho e queriam que eu mostrasse como realizá-la utilizando a CNV. Por um dia, assumi algumas aulas de matemática, inglês e artes. Eles filmaram a experiência, que seria depois apresentada aos professores como uma maneira de avaliar o desempenho dos alunos com a linguagem da girafa em substituição à do chacal. O resultado foi um vídeo de aproximadamente 4 horas, mas soube depois que apenas os 10 primeiros minutos foram utilizados no treinamento. Disseram-me que aquilo era tudo de que precisavam para ressaltar a questão mais importante. O que aconteceu nos primeiros 10 minutos seria mais do que suficiente para convencer os professores a aprender a linguagem da girafa e deixar de usar a do chacal em suas aulas.

O que será que aconteceu naqueles primeiros 10 minutos? Eu me aproximei de um garoto de uns 9 anos que tinha acabado de resolver uma página de problemas de matemática, e vi que, em uma das respostas, ele escrevera que o resultado de 9 mais 8 era 14. Sabemos que a resposta certa seria 17.

Disse a ele: "Oi, amigo, estou confuso e queria saber como você chegou a essa resposta. A minha é diferente. Você pode me mostrar como fez?". É assim que avaliamos esse tipo de situação usando a linguagem da girafa.

Vejam o que aconteceu. Ele abaixou a cabeça e ficou com os olhos cheios de lágrimas. Perguntei o que estava acontecendo e ele disse: "Eu errei". Vejam só, no terceiro ano já tinha aprendido a usar as orelhas de chacal, de modo que, mesmo quando alguém falava com ele a partir do coração, o que ele escutava era que tinha feito alguma coisa errada. E ficou muito claro que, além de ter a palavra "errado" em sua cabeça, ele se sentia envergonhado porque o sentido daquilo era: "Devo ser burro". Este é outro conceito do chacal: que as pessoas são espertas ou burras; que há questões boas e questões idiotas.

Quando ensinamos as pessoas a escutar o que lhes é dito como críticas e julgamentos negativos, o processo de aprendizado fica tão divertido quanto uma visita ao dentista. Escutar o que os outros dizem como críticas ou ficarmos preocupados com aquilo que pensam de nós, se somos inteligentes ou burros, se estamos certos ou errados, têm um efeito terrível na forma como nos enxergamos. Não vemos beleza em nós mesmos. Não conseguimos fazer isso.

A escola nos ensina – e é o que aprendi – a desumanizar as pessoas ao considerar **o que** elas são. Portanto, tenho trabalhado muito para desenvolver uma outra linguagem capaz de nos ajudar a permanecer conectados com a beleza que existe em todos nós.

Deixem-me mostrar como é essa linguagem. Vou pedir que pensem em alguém que, neste momento, não está fazendo com que a sua vida seja especialmente boa. Pode ser alguém na escola ou em casa; pode ser uma criança, um aluno, um de seus filhos, um de seus pais ou outro professor. Talvez você tenha em sua casa uma criança que fale a língua do chacal e diga coisas terríveis, como por exemplo: "Não!". Ou pode ser que de vez em quando um pai de aluno ou professor se dirija a você dizendo algo assim: "O seu problema é que você é muito _______________ (preencha o espaço em branco)".

Então, pense em uma situação da vida real e identifique qual foi a atitude concreta dessa pessoa que tornou a sua vida menos maravilhosa.

Fiz essa pergunta aos colaboradores de uma escola em São Francisco. O superintendente havia me pedido para trabalhar com eles porque estavam ocorrendo muitos conflitos entre o corpo de servidores e o diretor. Eu iria me reunir primeiramente com os professores para descobrir o que estava acontecendo e, depois, me reuniria com os professores e com o administrador conjuntamente para tentar fazer com que a vida fosse mais divertida para todos.

Fiz aos professores aquela pergunta que acabei de fazer a vocês: "Me digam uma coisa que o diretor fez que tornou a vida de vocês mais difícil". A primeira resposta que escutei foi: "Ele é muito tagarela".

Percebam a diferença entre o que perguntei e a resposta que obtive. Eu havia pedido uma observação, uma descrição de um comportamento específico. E o que recebi foi uma avaliação. Esta é a típica linguagem do chacal. Para aqueles que se comunicam assim, é muito difícil distinguir observação de avaliação.

Mostrei àquele professor que ele não havia respondido à minha pergunta. Quando lembrei que havia pedido uma observação, ele ficou empacado, pois não conseguia descobrir como se expressar sem cair numa avaliação. Uma colega ao lado tentou ajudar dizendo: "Acho que sei do que ele está falando". Perguntei o que seria e ela respondeu que o diretor falava demais.

A palavra "demais" é uma das favoritas do chacal. É assim que os chacais pensam; é assim que suas mentes foram formatadas para enxergar o mundo. Nesse mundo, existem ideias como "a medida certa", "demais", "de menos" para todas as coisas. E é isso que faz com que sejam perigosos: eles pensam que sempre sabem o que é certo.

Expliquei novamente que "demais" era uma avaliação, sendo que estava pedindo que trouxessem uma observação. Outro professor disse: "Ele acha que só ele tem coisas importantes a dizer". Expliquei que responder com "o que ele achava que o outro estava pensando" era uma avaliação e mais uma vez pedi uma observação.

Diante daquela situação, toda a equipe, composta por pessoas muito qualificadas, ficou em silêncio – eles simplesmente não podiam responder à pergunta. Uma das mulheres presentes disse: "Nossa, Marshall, isso é muito difícil". Concordei dizendo que sim; é muito difícil especialmente se você foi ensinado a falar como um chacal, como eu mesmo fui. Não é fácil distinguir entre observação e avaliação.

O filósofo indiano Krishnamurti disse que a forma mais elevada de inteligência humana é a habilidade de observar sem avaliar. Então, com alguma ajuda de minha parte, a equipe finalmente chegou a uma observação. E qual foi? Em verdade, havia diversas situações, mas a que mais os incomodava era a seguinte: durante as reuniões semanais de equipe, em vez de seguir a agenda, o diretor costumava contar histórias da guerra e experiências de sua infância, de modo que as reuniões demoravam em média 20 minutos a mais do que o combinado.

Perguntei para a equipe se algum deles havia chamado a atenção do diretor para o problema. Eles me disseram que não, porque temiam que, se tentassem falar desse assunto, haveria o risco de expressarem muitas avaliações, o que colocaria o diretor na defensiva. Acharam que seria uma boa ideia ter uma conversa com ele e pediram que eu os acompanhasse na reunião. Diante do que acabou acontecendo, fiquei muito satisfeito por ter estado lá. Assim que a reunião começou, pude perceber claramente o que os aborrecia. Algum tema estava para ser abordado, e o diretor já começava: "Isso me faz lembrar de um tempo em que...". Eu estava esperando que alguém falasse com ele sobre aquele comportamento, que dissesse que não gostava daquilo. Mas, em vez de uma girafa falante, o que vi foram vários chacais se comunicando de uma forma não verbal. Por exemplo, reviravam os olhos, cutucavam a pessoa ao lado, bocejavam, olhavam as horas, levavam os relógios aos ouvidos – mesmo sendo um daqueles que não faz ruído. Finalmente perguntei: "Ninguém vai falar nada?". E então, aquele mesmo professor que havia se manifestado na primeira reunião comigo encheu-se de coragem e, com as faces ruborizadas, olhou diretamente para o diretor e disse: "Ed, você é muito tagarela!". Foi isso que recebi em troca de minhas habilidades pedagógicas...

Agora olhem para o que vocês escreveram. Fica claro que é só uma observação ou há algum tipo de avaliação misturada? Gostaria que alguns de vocês lessem o que escreveram de modo que todos possamos aprender juntos.

Marshall (escolhe alguém do auditório e pergunta): O que você escreveu?

Participante: "Ele grita".

Vou contar uma história que poderá ajudá-los a entender porque não considero que a frase "ele grita" seja uma observação. O supervisor de uma faculdade de São Francisco me pediu para trabalhar com o corpo docente porque estava havendo muita tensão racial entre diferentes grupos culturais. Pedi a um dos integrantes que me dissesse do que é que ele não gostava na atitude de outra pessoa. Ele olhou imediatamente para a mulher que estava ao lado e disse: "Não gosto quando você grita durante as reuniões". Ao que ela respondeu: "Quem é que grita?". Eles pertenciam a duas culturas diferentes e ela não considerava que aquilo fosse gritar. Alguns minutos mais tarde, quando ela começou a gritar com ele (de uma maneira que ela mesma definiria assim), percebi claramente a diferença. "Gritar" depende de como você escuta. Numa situação como essa, precisaríamos dizer algo como "ele levanta a voz um tom acima da voz dos outros". Isso sim seria uma observação.

Marshall (escolhe alguém do auditório): Sim?

Participante: "Quando ele não consegue o que quer, berra e chora".

Isso é uma observação. Fico feliz que não tenha sido misturada aí uma linguagem perigosa como, por exemplo, "ele lida com a agressão de uma maneira muito imatura". Afinal, não queremos julgar e rotular uma criança como imatura.

Marshall (escolhe alguém do auditório e depois de ouvi-lo, diz): Fico feliz que você tenha escolhido essa situação – "ele se recusa a cooperar" – porque tenho de fazer duas objeções aqui. A primeira por causa do "se recusa" e a segunda pela palavra "cooperar". Eu concordaria se você dissesse "ele não faz o que eu quero". Percebem como isso exige que sejamos muito mais honestos sobre o que de fato está acontecendo?

Mais alguém? (escolhendo alguém do auditório): Ok, "Interrompe o grupo"! foi o que ela disse. Esse exemplo é embaraçoso para mim e vou contar a vocês por quê. Certa vez, eu estava apresentando este processo diante de um grupo grande de professores e alguns alunos estavam comigo no palco para que eu pudesse trabalhar com eles. Agora vejam o comportamento a ser observado: enquanto eu estava falando, por três vezes sucessivas, um dos alunos começou a falar antes que eu houvesse terminado. Bem, essa é a observação. Ele começou a falar antes que eu houvesse terminado. Então eu disse: "Sabe, me sinto frustrado quando você me interrompe". Imediatamente, outro aluno respondeu: "Ele não está te interrompendo; está ajudando". Essa é uma história verdadeira e foi muito constrangedora. Aquela pequena criança me flagrou confundindo observação com avaliação.

SOBRE O "PODER COM"

Não estou sugerindo, com isso que falei, que a CNV exige que sejamos totalmente objetivos e que evitemos sempre qualquer tipo de avaliação. Não é assim, mesmo porque os próximos passos envolvem a avaliação de um comportamento. Mas vamos fazer isso de uma forma que implique em poder **com** as pessoas e não **sobre** elas. A CNV está baseada em um determinado conceito de poder: o "poder com". Queremos que as pessoas ajam por perceberem como suas atitudes enriquecem a vida. Este é o "poder com" – a habilidade de motivar de dentro para fora. Por outro lado, quando se trata de um "poder sobre", as pessoas agem ou porque têm medo do que vai acontecer com elas se não atenderem às nossas exigências, ou porque esperam alguma recompensa caso as atendam.

Aprendi com os meus filhos, desde que eram muito pequenos, os perigos das táticas do "poder sobre". Uma das primeiras coisas que eles me ensinaram foi que eu não poderia obrigá-los a fazer nada. Essa foi uma lição muito útil, pois, por algum motivo, em razão do meu passado de chacal, eu havia enfiado na cabeça que pais e professores têm a missão de fazer com que as crianças façam o que é certo. E então vinha esse menino de 2 anos me ensinar que, independentemente do que eu estivesse pensando, não poderia obrigá-lo a fazer nada, nem mesmo a guardar os brinquedos no lugar certo. "Por favor, guarde-os na caixa de brinquedos; nós vamos sair agora." "Não." "Você me escutou?" "Não." Eu não conseguia obrigá-lo a nada. Apenas conseguia fazer com que ele desejasse ter me obedecido.

Eles me ensinaram uma segunda lição sobre o poder. Sempre que eu fiz com que desejassem ter me obedecido, eles me fizeram desejar que eu não tivesse feito aquilo. Dizendo isso de uma maneira mais simples: violência gera violência. Sempre que usei a violência para que as coisas saíssem do meu jeito, paguei um preço por isso.

SOBRE PUNIÇÃO E VIOLÊNCIA

Há vários tipos de violência que queremos evitar. Em primeiro lugar, está a violência que consiste em qualquer tipo de punição. Vamos nos esforçar, daqui para a frente, para abolir a punição. A punição está na raiz de todas as violências que existem neste planeta. Há formas de manter as regras e regulações sociais que não envolvem qualquer tipo de punição. Se fizermos duas perguntas a nós mesmos, veremos que a punição não funciona.

A primeira pergunta é: o que queremos que a outra pessoa faça? Se fizermos apenas essa pergunta, é possível desenvolver um argumento a favor da punição. É bem provável que você se recorde de situações em que ficou sabendo de alguém que foi levado a fazer alguma coisa ou em razão da punição, ou em razão da ameaça de punição. No entanto, quando acrescentamos uma segunda pergunta, fica evidente que a punição não funciona.

E a segunda pergunta é: com que espécie de motivação queremos que a outra pessoa faça o que lhe pedimos?

Para a maioria dos indivíduos da nossa cultura, é impossível imaginar como seria um mundo sem punição. Essa ideia traria imagens horríveis de anarquia, de caos, de um mundo em que nada do que tem de ser feito é feito. Se aquelas duas questões não tiverem sido bem compreendidas, é muito difícil se livrar do conceito de punição. Sem tal compreensão, pode ser que você pense que a punição funciona quando, em verdade, não funciona.

Vou dar um exemplo. Eu estava no escritório de um amigo, diretor da escola em que eu trabalhava em São Francisco. Ele olhava para o pátio e, de repente, me pediu licença. Saiu correndo e agarrou um menino grande que estava batendo em um pequeno. Ele bateu no menino maior e disse: "Vou te ensinar a não bater mais em quem é menor que você". Nós somos bons amigos, de modo que eu poderia provocá-lo um pouco. Assim, quando ele voltou para a sala, eu disse: "Acho que você não ensinou àquele aluno o que pensa que ensinou". Ele me perguntou o que eu queria dizer e respondi: "Você disse que iria ensiná-lo a não bater em alguém menor do que ele. Mas você é maior do que ele e bateu nele. Me dá a impressão de que você reforçou a ideia de que é correto punir se você achar que está com a razão e se for grande o suficiente para fazê-lo". Ele disse que nunca havia pensado assim. Continuei dizendo que, na minha opinião, alguma coisa ele ensinara ao garoto. Ele quis saber o que era, e respondi: "Acho que você ensinou que ele não deve nunca bater em meninos menores caso você esteja vendo".

Ao enxergarmos com clareza o que é que a punição ensina, tenho certeza de que nunca mais nos valeremos dela. Ao contrário, vamos escolher outras formas de manter a ordem nas escolas e na sociedade em geral.

Vimos que a punição é uma forma de violência. Outra forma é a noção de recompensa. Se for difícil aceitar essa ideia, sugiro a leitura de um livro chamado *Punished by Rewards* [*Punidos pelas recompensas*], de Alfie Kohn – você verá como a recompensa é violenta.

Da maneira como defino violência, a culpa é uma de suas formas. Nas escolas de Comunicação Não Violenta criadas em diversos países, não se admite a punição pela culpa. Essas táticas – punição, recompensa, culpa – não são permitidas para resolver quaisquer problemas. Para jogar o jogo da culpa, é preciso enganar as pessoas fazendo que elas acreditem que têm o poder de dar origem aos sentimentos dos outros. Então é preciso aprender a jogar o jogo da culpa com frases assim: "Fico magoado quando você não faz a sua tarefa". "Você me deixa bravo quando começa a falar enquanto estou falando". O jogo da culpa consiste em tentar convencer os outros de que a causa do seu sofrimento está neles. Mais adiante vamos ver algumas alternativas para esse jogo.

Outra forma de violência é usar a vergonha para tentar fazer com que os outros se comportem de determinada maneira. Já tocamos neste ponto. Isso envolve usar rótulos, de modo que, se alguém não faz o que você quer, você o rotula de "preguiçoso", "sem consideração" ou "estúpido". Qualquer rótulo que implique em algo errado é um ato de violência; é tentar fazer com que o outro se comporte de determinada forma por sentir vergonha.

Talvez a pior violência de que podemos lançar mão no papel de educadores – de acordo com os meus valores – é a violência da *"Amtssprache"*, expressão que podemos traduzir como "linguagem da burocracia". E por que uso esse termo? Peguei emprestado de um criminoso de guerra, o nazista Adolph Eichmann. Quando foi julgado em Jerusalém pelos crimes cometidos durante a guerra, indagaram-lhe: "Foi difícil para você mandar centenas de milhares de pessoas para a morte?". Eichmann respondeu: "Para dizer a verdade, foi fácil. A nossa linguagem tornou isso fácil". Essa resposta chocou quem o interrogava, que em seguida perguntou: "Que tipo de linguagem é essa?". Então ele disse: "Meus colegas oficiais nazistas e eu tínhamos um nome para essa linguagem. Nós a chamávamos de *'Amtssprache'*. É uma linguagem que afasta a sua responsabilidade por suas próprias ações. Então, se alguém perguntar por que você fez o que fez, você simplesmente responde 'Eu tinha de fazer'. 'E por que você tinha de fazer?' 'Ordens superiores. É a política da companhia. É a lei'".

Algumas das expressões mais perigosas do nosso vocabulário corrente são a clássica *Amtssprache*: "ter de", "não posso". E aqui vão mais algumas de uso vulgar (se você não gosta de vulgaridade, tape os ouvidos): "deveria", "tenho de", "preciso".

Falei essas coisas, certa vez, para um grupo de pais e professores em St. Louis, Missouri, onde estava trabalhando. Uma das mães ficou bastante perturbada com a minha sugestão de que essa era uma linguagem violenta, de que possuía a violência da *Amtssprache,* a linguagem que afasta a responsabilidade por suas escolhas. Ela me disse algo assim: "Mas existem certas coisas que as pessoas têm de fazer. E é nossa tarefa, como pais e professores, ensinar as crianças o que elas têm de fazer". E acrescentou: "Há coisas que tenho de fazer todos os dias, coisas de que não gosto, mas tenho de fazê-las". Perguntei que tipo de coisas, e ela disse: "Por exemplo, quando sair daqui nesta noite, tenho de chegar em casa e cozinhar. Detesto cozinhar, detesto com todas as minhas forças, mas é o que tenho feito todo dia, ao longo de vinte anos, mesmo quando fico doente".

Disse a ela que me entristecia muito ouvir aquilo porque, quando fazemos alguma coisa por coação, todos pagam um preço por isso. Acontece que aquela mulher aprendia com facilidade de modo que voltou para casa naquela noite e comunicou à família que não iria mais cozinhar.

Recebi um retorno três semanas depois, quando voltei para aquela mesma comunidade. Eu estava lá para conduzir uma oficina à noite, quando os dois filhos mais velhos daquela mulher apareceram. Chegaram antes da sessão, apresentaram-se, e eu manifestei a minha satisfação por conhecê-los. Disse que a mãe deles costumava me telefonar com frequência para contar sobre as importantes mudanças que ela estava fazendo em sua vida desde que havia aprendido a CNV. Sempre fico imaginando o que acontece com o resto da família quando um de seus membros chega em casa e começa a falar uma linguagem diferente. Perguntei a eles como estava sendo desde aquela primeira noite em que a mãe disse que não iria mais cozinhar. O filho mais velho, John, me respondeu: "Marshall, eu simplesmente disse a mim mesmo:

'Graças a Deus!'". Pedi que me explicasse por que havia dito aquilo e ele continuou: "Pensei que talvez agora ela parasse de reclamar tanto a cada refeição".

Percebam, se fazemos qualquer coisa por coação, todos pagam um preço por isso. Se não for para fazer com prazer, não faça. Toda atividade pode ser prazerosa, mesmo que seja limpar o chão ou as privadas, desde que não haja qualquer aspecto coercitivo, desde que seja possível perceber como aquilo enriquece a vida. Mas basta que você diga a si mesmo "tenho de fazer" para que isso não aconteça, ou para que você odeie ter de fazer aquilo. Não faça nada por dever ou obrigação. Não faça se não trouxer alegria. E só trará se estiver a serviço da vida. Sendo assim, mesmo um trabalho pesado será prazeroso.

Portanto, queremos que os alunos passem por um tipo de avaliação que possibilite o aprendizado sem coação. E para que isso aconteça, a CNV sugere avaliar o comportamento não por meio de uma linguagem que traga conceitos de certo e errado, bem e mal, não por meio da *Amtssprache,* mas usando a linguagem do coração, que, como já disse, requer que sejamos alfabetizados na expressão de sentimentos e necessidades.

UM VOCABULÁRIO PARA OS SENTIMENTOS

Vamos olhar para os sentimentos. Pedi no início que vocês identificassem alguma coisa que alguém fez ou faz da qual vocês não gostaram, algo que não contribui para que a sua vida seja mais maravilhosa. Agora peço que escrevam como se sentem quando isso acontece, como se sentem quando essa pessoa age dessa maneira.

Quero ouvir algumas respostas. (Marshall passa a ouvir as respostas do público.) "Confuso?" Sim. "Desconfortável?" Sim. "Preocupado?" Sim. "Solitário? Bravo? Triste?" Sim. O que ouvi? "Inferior aos outros?" Isso é um autojulgamento, é o que você pensa de si mesmo. É um conceito mental que não diz nada sobre os seus sentimentos. Por exemplo, eu me considero inferior aos outros quando toco violão, mas gosto de tocar. Então, se eu digo que me sinto inferior quando toco violão, isso nada revela sobre o que sinto, que é alegria. Mas se você me perguntar como eu qualifico a minha habilidade, aí sim, direi que é inferior à dos outros.

"Desamparado?" Sim. "Frustrado?" Sim. "Traído?" Não. Vejam, vou apresentar-lhes algumas palavras parecidas para treinar os seus ouvidos, para que não as confundam com sentimentos. Essas palavras não se referem a sentimentos, são como chacais disfarçados de girafas. De fato, por intermédio da linguagem, somos capazes de dar a entender que estamos expressando sentimentos, quando, em verdade, são manifestações de julgamentos.

A palavra "traído", por exemplo, não indica como você está se sentindo, não diz se está magoado, triste ou zangado. Indica apenas que, na sua imagem mental, alguém está traindo você. Aqui estão mais palavras assim: sinto-me "incompreendido". Sinto-me "manipulado". Sinto-me "criticado". Repito, estes não são sentimentos, da maneira como os defino: são imagens mentais do que a outra pessoa está fazendo. E servem mais para causar problemas do que para criar uma conexão a partir do coração.

Meu vocabulário de sentimentos não era muito bom. Pelo que me lembro, durante os meus 21 anos como aluno, jamais me perguntaram como eu me sentia ou quais eram as minhas necessidades, e sobre isso conversaremos a seguir. Definitivamente, o que eu sentia ou do que eu precisava como ser humano eram questões irrelevantes nas escolas em que estudei. O que importava era que eu desse as respostas certas. Sentimentos e necessidades não faziam parte da equação.

A língua inglesa é uma parte do problema. Em comparação com outras culturas em que tenho trabalhado, temos relativamente poucas palavras para expressar os sentimentos. Em outras culturas há um vocabulário muito mais rico. No meu livro *Nonviolent Communication: A Language of Life* [*Comunicação Não Violenta*] há uma lista de sentimentos para ajudar as pessoas a desenvolver seu vocabulário. Trabalhei bastante para compilar essa lista. Durante um treinamento em uma escola em que se falava espanhol, percebi que uma professora fazia muitas anotações na página do livro que continha a lista de palavras. Fui até ela durante o intervalo e vi que, para cada palavra em inglês, ela escrevia quatro ou cinco variações em espanhol.

De acordo com o psicólogo norte-americano Rollo May, uma pessoa madura é capaz de fazer uma descrição de sua vida identificando tantas notas e sutilezas quanto aquelas que percebemos em uma orquestra sinfônica. E isso se dá por ter um bom vocabulário para descrever sentimentos e uma boa capacidade de expressar sua vida interior. Mas ele diz também que, lamentavelmente, o vocabulário que a maioria possui para fazer esse tipo de descrição equivale à complexidade musical de um simples apito.

Não fomos treinados para enxergar a beleza que existe em nós. Fomos ensinados a ser bons meninos, boas meninas, boas mães, bons pais, bons professores, e isso tudo nos desconecta da vida. Assimilamos essas ideias. Então, o segundo passo na Comunicação Não Violenta requer o aprendizado de um vocabulário de sentimentos.

O passo seguinte consiste em estar consciente da origem dos nossos sentimentos e assumir responsabilidade por eles. As minhas duas primeiras perguntas são: "O que a outra pessoa fez?". E em seguida: "Como você se sentiu quando ela fez isso?". Percebam que não pergunto: "Como você se sentiu por ela ter feito isso?". Tentarei agora mostrar que a origem dos nossos sentimentos nunca está em alguma coisa que a outra pessoa tenha feito. Isso pode até incitar algum sentimento, mas nunca é a sua causa. Então, o que dá origem aos sentimentos?

A propósito, o que estou prestes a dizer é algo que vocês já sabem desde os 6 anos de idade. Àquela altura vocês já sabiam que "paus e pedras podem quebrar meus ossos, mas..."[1]. Como é mesmo que termina esse ditado?

Vamos supor que eu peça a uma criança para fazer alguma coisa e que ela me responda: "Me deixa em paz, seu chato". Bem, eu sei que os seus alunos não falariam dessa forma, mas alguns professores já me contaram que existem crianças assim. Como eu me sinto quando um aluno fala comigo desse modo? Bem, como ninguém tem o poder de me fazer sentir alguma coisa, o que eu vier a sentir vai depender da escolha que eu fizer. É minha a escolha de como me sinto.

Quando tínhamos 6 anos, sabíamos que as pessoas não têm o poder de fazer com que a gente se sinta mal, sabíamos que isso depende de como encaramos a situação. Acontece que nos ensinaram a acreditar que nós é que causamos os sentimentos dos outros. E aprendemos com nossos pais e

1. "Paus e pedras podem quebrar meus ossos, mas palavras não me ferem". [N. da T.]

professores que nos infundiram culpa ao falar coisas como as que mencionei antes: "Você me deixa bravo quando diz isso. Me magoa quando age assim".

Portanto, se passo a julgar a mim mesmo quando uma criança diz "me deixa em paz, seu chato", provavelmente vou me sentir magoado. Recebo o que ela diz como uma crítica e isso faz com que eu me sinta mal. Mas não me sinto mal pelo que ela disse, mas pela forma como reagi.

Se, ao contrário, passo a julgá-la, fico com muita raiva porque estarei dizendo a mim mesmo que essa criança foi desrespeitosa; um aluno não pode falar dessa forma com o professor. Mas não é o fato de a criança ter me xingado que me causa raiva. Eu escolhi olhar para a situação dessa maneira.

Algumas pessoas se voltam para dentro de si e levam as coisas para o lado pessoal. Agindo assim, vamos passar uma boa parte da vida sentindo-nos culpados, envergonhados, deprimidos. Se julgarmos os outros, passaremos um bom tempo com raiva. Muita gente possui um talento especial para isso. Escutamos uma frase como aquela e logo pensamos: "Puxa, se alguém fala comigo assim, deve ser porque sou um mau professor", e passamos a nos sentir envergonhados e culpados. Se invertermos as coisas, ficaremos com raiva. Atravessamos a vida alternando raiva, culpa, vergonha, depressão, raiva, culpa, vergonha, depressão.

Acontece que esses sentimentos são muito preciosos para quem utiliza a CNV. E por quê? Porque são sentimentos que mostram que estamos mortos. Digo que estamos mortos no seguinte sentido: nossa atenção é desviada de onde realmente precisaria estar de modo a sermos capazes de perceber a beleza que existe em nós e nas outras pessoas. E qual é a minha sugestão? Onde colocar a atenção? No elemento mais importante da Comunicação Não Violenta: nas necessidades.

SOBRE AS NECESSIDADES

Outra escolha possível é enxergar a necessidade que está por trás do sentimento. Há sempre uma necessidade. Se formos realmente sinceros, poderemos enxergar que no fundo há uma necessidade que não está sendo atendida. É nisso que precisamos ser bons, na capacidade de conectar os sentimentos às necessidades, em vez de expressá-los como se a responsabilidade por eles fosse de outra pessoa. Então, sempre que mencionarmos um sentimento – "me sinto frustrado, aborrecido, bravo, desencorajado" –, as próximas duas palavras devem ser: "porque eu...".

Assim assumimos responsabilidade por nossos sentimentos. "Eu me sinto... porque eu..."; "você se sente... porque você...". Se misturarmos as duas coisas na comunicação do dia a dia, as distinções ficam indefinidas e aí começamos a jogar todos esses jogos que todo mundo joga e que não são nada divertidos.

Gostaria agora de trabalhar com vocês na construção de um vocabulário para as necessidades. Quero que digam: "Sinto-me assim nessa situação porque preciso...". Conectem-se com a necessidade que não está sendo atendida quando a outra pessoa age daquela maneira.

(Observação: a pedido de Marshall, os participantes trazem suas percepções, as quais, juntamente com as respostas dele próprio, foram aproveitadas para ilustrar o conceito de necessidade.)

Com quais necessidades você entrou em contato? "Necessidade de aceitação", ok. "Necessidade de segurança", sim. Outras necessidades? "Respeito"? Sim. "Aprovação"? Não. Essa é uma resposta perigosa. Você não precisa de aprovação. É preciso distinguir necessidades de pedidos. Podemos pedir a alguém que aprove o que fazemos, mas a minha sugestão é que nunca confundamos aprovação com gratidão. Há outras necessidades? "Paz"? Sim. "Segurança?" Sim. Essas realmente são necessidades. "Necessidade de confiança; de ser capaz de depender um do outro". "Necessidade de amor", sim. A girafa utiliza a palavra "amor" para expressar uma necessidade; o chacal a utiliza para expressar um sentimento.

Vou dar um exemplo acerca da diferença entre girafas e chacais quando o assunto é amor.

Se para você amor é uma necessidade, você entendeu a Comunicação Não Violenta. Mas imagine outra situação. A pessoa te pergunta: "Você me ama?". Antes de responder, você devolve: "A palavra 'amor' está sendo usada como um sentimento?". Se a resposta for: "Sim, claro, é evidente", você dirá: "Ok, eu precisava saber disso, pois quero falar com sinceridade. É que (na CNV) não utilizamos essa palavra como sentimento, mas sim como necessidade. Então, agora que eu sei que para você amor é um sentimento, pergunte de novo". Então ela pergunta: "Você me ama?". E sua resposta será: "Quando?". "Quando?!" "Sim. Afinal, queremos ser honestos. E se você quer saber qual é o meu sentimento, só posso responder sobre isso em um momento determinado." "Que tal agora?" "Agora não. Mas tente de novo daqui a pouco."

Vejamos como a girafa define amor. Se você perguntar a uma girafa: "A sua necessidade é de amor?" e ela responder que sim, você perguntará como pode atender tal necessidade. A resposta dela será: "Fale a língua da girafa".

O que estou compartilhando com vocês hoje é o que tenho efetivamente aprendido sobre o amor – como vivenciá-lo. É algo que se vive e não que se sente. Então eu diria que a nossa capacidade de manifestar amor vai até o ponto em que conseguimos nos revelar abertamente, sem criticar os outros. E a outra parte? Diz respeito a como respondemos às mensagens que nos são dirigidas. Então eu diria que amor é como nos revelamos aos outros e como recebemos suas mensagens. Essa é a forma mais potente que conheço de atender a necessidade de amor.

Com isso, acabo de ensinar como responder à pergunta "Como vai você?" fazendo uso da CNV. Esta é uma pergunta que é feita a todo momento, em todo o planeta – "Como vai você?". Em todos os lugares em que trabalhei, as pessoas fazem essa pergunta quando se encontram.

Na cultura do chacal, a pergunta também é feita, mas as pessoas não sabem como responder porque não conhecem a linguagem que vem do coração. Não sabem dizer como se sentem, de que precisam. Então, a pergunta vira uma mera formalidade, sendo que, em verdade, é uma pergunta muito importante se quisermos ensinar as crianças de uma maneira que gere respeito mútuo. É preciso observar a partir do coração para realmente saber como estamos. O nosso treinamento dá uma grande ênfase tanto à capacidade de expressar sentimentos e necessidades como à de receber essas expressões dos outros.

PEDIDOS VERSUS EXIGÊNCIAS

O próximo passo, depois de termos respondido à pergunta "Como vai você?", requer a expressão clara de um pedido como um pedido, e não como uma exigência. Exigir algo é um jogo perdido. Quanto mais importante for que alguém faça determinada coisa, mais importante será que ele escute um pedido e não uma exigência. Escutar uma exigência gera, quase sempre, resistência.

Depois de ter expressado os seus sentimentos e necessidades, você faz o seu pedido dizendo, de uma forma muito clara, o que você quer que a outra pessoa faça. E o seu pedido deve ser formulado de uma forma positiva, isto é, você diz o que quer ao invés de dizer o que não quer.

Trabalhei, em Illinois, com professores que demonstraram preocupação com a quantidade de janelas quebradas na escola. Eu disse: "Ok, entendi. Mas me digam, o que vocês querem que os alunos façam de forma diferente?". Eles responderam que era óbvio o que queriam: que os alunos parassem de quebrar as janelas. Disse então aos professores que estavam facilitando muito o meu trabalho de consultor ao me dizerem o que não queriam dos alunos. Eles ficaram espantados e me perguntaram então o que é que deveriam fazer. Respondi: "Matem eles. As pesquisas demonstram que crianças mortas não quebram janelas. Agora, não saiam por aí dizendo que eu mandei matar crianças. Posso ver as manchetes de jornal: 'Ativista da Não Violência propõe matar crianças que quebram janelas'".

O que eu estava tentando demonstrar para os professores é que, se o nosso propósito for nos livrarmos de determinado comportamento, a violência se torna uma opção atraente. É preciso que sejamos muito claros ao responder àquelas duas perguntas que eu fiz antes: o que vocês querem e, o que é mais importante ainda, qual é a motivação que vocês querem que esteja por trás da ação?

É preciso formular o pedido numa linguagem clara como um plano de ação. Isso significa que não podemos utilizar expressões vagas como "quero que você me escute".

Certa vez, marido e mulher vieram a uma das minhas oficinas. Ela disse a ele: "Quero que você me escute quando eu falo". Ele respondeu que sim, que a escutava. E ela disse: "Não; você não me escuta". E ele: "Sim; eu escuto." Me disseram que vinham tendo esse tipo de comunicação fazia doze anos. O problema era a palavra "escutar", que é muito vaga.

Na Comunicação Não Violenta é preciso que os pedidos sejam formulados explicitamente. E não é apenas necessário que seja explícito, mas que a outra pessoa escute como pedido e não como exigência. Vou mostrar a vocês o que acontece quando alguém escuta uma exigência.

Eu estava trabalhando em uma escola na Costa Leste com quarenta estudantes que haviam sido rotulados como sendo desajustados social e emocionalmente. Agora, sejam honestos comigo. Se vocês estivessem em uma classe rotulada assim, isso não pareceria uma permissão para fazer bagunça e se divertir na escola? Rótulos conduzem a profecias autocumpridas. Se acharmos que um aluno é lento no aprendizado, ele será. Se considerarmos que algumas pessoas são social e emocionalmente desajustadas, elas serão.

De antemão, eu sabia que o dia seria árduo, por causa da forma como aqueles alunos haviam sido rotulados. E começou assim que entrei na sala de aula. Metade deles estavam debruçados nas janelas gritando obscenidades para os colegas que se encontravam embaixo, no pátio. Comecei fazendo um pedido simples e precisei levantar a voz para que me ouvissem. Eu disse: "Será que vocês poderiam, por favor, vir para cá e se sentar? Gostaria de dizer quem sou e o que pretendo fazer aqui hoje". Metade veio. Como eu não sabia se a outra metade havia me escutado, repeti o pedido. Todos vieram com exceção de dois jovens. Pedi a um deles que me contasse o que é que ele tinha me escutado dizer. Um deles respondeu: "Você disse que a gente tinha de vir e se sentar". Percebem? Esse é o problema do sistema escolar do chacal. Mesmo quando você faz um pedido, eles escutam como exigência.

Então eu disse a ele: "Será que o senhor pode me dizer de que forma eu deveria ter me expressado para comunicar o que quero sem que isso pareça uma ordem?" (aprendi a usar uma linguagem respeitosa com quem tem um bíceps enorme, especialmente se estiver tatuado). E ele: "Hã?".

Vejam. Essa é uma mudança de paradigma muito relevante. Quanto mais tempo alguém passa em escolas de chacais, mais difícil é fazer essa mudança. Portanto, grande parte do nosso treinamento refere-se a mostrar aos professores como formular pedidos claros, de modo que quem os escute tenha certeza de que se trata de um pedido e não de uma exigência. Quando um pedido é escutado como exigência, a pessoa tem duas opções: ou se submete, ou se rebela.

ESCUTANDO SENTIMENTOS E NECESSIDADES – A CONEXÃO EMPÁTICA

Outra parte da CNV, e já falei disso ao contar a história do meu filho, refere-se a usar as orelhas de girafa e escutar qualquer mensagem que for dirigida a nós como uma expressão dos sentimentos e necessidades do outro. Qualquer mensagem. Se a pessoa ficar em silêncio, não escutamos o silêncio. Com orelhas de girafa, escutamos os sentimentos e as necessidades que estão por trás do silêncio. Se ela disser "não!", não escutamos um "não", mas sim o que ela está sentindo e precisando. Temos de adivinhar e fazemos isso humanamente. É isso que a CNV nos ensina a fazer. Seja qual for a mensagem que nos chegue, teremos um palpite sobre o que aquela pessoa sente e precisa.

Darei um exemplo. Eu estava trabalhando com um grupo numa mesquita em um campo de refugiados na Palestina. Quando o meu tradutor disse que eu era norte-americano, um homem que estava nos fundos levantou-se subitamente e gritou bem alto: "Assassino!". E o que escuto quando alguém me chama de assassino? "Veja a beleza que existe em mim." Quando a forma com que as pessoas se comunicam faz com que seja muito difícil enxergar nelas alguma beleza, é quando mais precisam disso. Como o aluno que diz "me deixa em paz, idiota"; ou como aquele que não diz nada. É aí que mais precisam de empatia. Esse é o termo preciso para a outra parte da CNV. Conexão empática. Para ser didático, uso essa imagem, é um conceito bonito de empatia. O nosso treinamento mostra como é possível responder com empatia a qualquer tipo de mensagem.

O que foi então que escutei quando aquele homem me chamou de assassino? Senti o que ele estava sentindo e do que estava precisando. Mesmo que você não diga nada, se a sua atenção está ali, o diálogo se transforma. Mas naquele caso resolvi conferir, pois não tinha certeza se o entendia. Passada uma hora, ele me convidou para o jantar de Ramadã em sua casa. Na região, temos agora cinco escolas que ensinam a língua da girafa em Israel e quatro na Palestina.

E tudo aconteceu porque, atrás de suas palavras, eu o escutei cantar "Veja a beleza que existe em mim". Portanto, a outra parte da CNV diz respeito a aprender a enxergar o que o outro está sentindo e necessitando.

A IMPORTÂNCIA DA IMAGINAÇÃO E A GELATINA VERDE

Quero terminar com uma canção que reproduz algumas coisas que ouvi num trabalho com crianças pequenas. Com frequência, treinamos professores para que possam ensinar CNV às crianças. Uma das formas de fazer isso é a seguinte: entro na classe, demonstro como se faz e, depois das aulas, instruo os professores para que possam ensinar as crianças.

Quando entro na sala de aula para ensinar CNV aos alunos, gosto de começar com uma pergunta: "Em que você costuma ficar pensando?". Quando faço essa pergunta aos alunos, sou bombardeado com todo tipo de respostas. Vocês vão escutar algumas delas na canção. Depois da aula, pergunto aos professores a mesma coisa: "Em que vocês costumam ficar pensando?". E sabem qual é a resposta mais comum? Silêncio. Digo então: "Fico pensando no que será que aconteceu conosco desde os 6 anos até agora. Vocês viram como as crianças responderam. O que aconteceu conosco?". Os professores normalmente dizem: "Fiquei com medo de que minha resposta parecesse boba". Ou "Achei que o que costumo pensar possa ser muito esquisito". É isso o que acontece conosco. Perdemos nossa habilidade de devanear. A forma como somos educados faz com que nos preocupemos com aquilo que somos e não com aquilo que está vivo em nós.

Certa vez fiz essa pergunta em uma classe de crianças de 6 anos. Quando o primeiro garoto respondeu, deu para perceber que aquela questão estava na cabeça dele fazia muito tempo. Ele disse: "Fico pensando porque será que o meu cachorrinho não come a gelatina verde com recheio de grapefruit". A maior parte das frases dessa canção veio das crianças.

A CANÇÃO DA GELATINA VERDE

Por que será que o meu cachorro não come gelatina verde?

Gosto do jeito que ela balança.

Como será quando a tartaruga enfia a cabeça pra dentro?

Deve ser tão escuro que dá medo.

Será que a pedra gosta de ser tão dura?

Será que o céu gosta de ser tão azul?

Será que a borboleta borbulha?

Será que você gosta de ser você?

Por que será que não percebo que estou ficando maior

Se as pessoas dizem que cresço todo dia?

Por que tenho de escutar mais palavras

Do que jamais posso falar?

Será que a grama chora quando é cortada?

Será que a chuva se machuca quando cai?

Será que ao girar a Terra fica enjoada?

Será que as minhocas se sentem pequenas?

Por que será que tantas pessoas

Fazem coisas que não querem fazer?

Será que a música vai para algum lugar

Depois que eu canto uma canção para você?

Será que é triste ficar velho?

Será que a Lua gosta de companhia?

Por que será que é divertido ter um pouquinho de medo?

Será que você fica pensando nas mesmas coisas que eu?

RESUMO

O processo de aprendizagem é precioso demais para ser motivado por estratégias coercitivas. O que importa na CNV é uma motivação que venha da reverência pela vida, do desejo de desenvolver habilidades que possam contribuir para o bem-estar individual e coletivo. Oficialmente, a linguagem que ajuda as pessoas a aprender movidas por esse tipo de motivação é chamada de Comunicação Não Violenta. No entanto, por razões pedagógicas, também a chamamos de "linguagem da girafa" na qual sentimentos e necessidades constituem o vocabulário básico. A "linguagem do chacal", pelo contrário, se caracteriza por expressões como "tem de", "deve", "está obrigado a".

O desenvolvimento de um vocabulário para os sentimentos e para as necessidades é importante e nos ajuda a nos expressar na linguagem da CNV: "Eu me sinto... (insira um sentimento) porque preciso... (insira uma necessidade)". Outro conceito básico da CNV é a distinção entre observação e avaliação. Observação é uma descrição clara e concisa daquilo que está acontecendo. Qualquer avaliação (julgamento) acerca de um comportamento é feita em termos de sentimentos e necessidades e sempre de acordo com o princípio do "poder com" – e não do "poder sobre" – a outra pessoa. O "poder sobre" resulta em punição e violência. O "poder com" leva à compaixão e à compreensão. Possibilita um tipo de aprendizagem motivada pela reverência pela vida e não pelo medo, culpa, vergonha ou raiva. O "poder com" faz com que as nossas necessidades sejam escutadas como pedidos e não como exigências. Exigências desencadeiam uma postura defensiva e uma resposta negativa, ao passo que, quando se formulam pedidos, é bem mais fácil escutar e responder positivamente. Depois de expressar nossos sentimentos e necessidades, fazemos um pedido muito claro sobre o que queremos que a outra pessoa faça. Pedidos são expressos de uma forma positiva: dizemos o que queremos ao invés de expressar aquilo que não queremos.

Além de expressar sentimentos e necessidades, de expressar necessidades como pedidos, a CNV requer uma "conexão empática" para que possamos aprender a escutar as mensagens que são dirigidas a nós pela outra pessoa como uma expressão de seus sentimentos e necessidades. Em suma, a CNV é uma forma de estar sintonizado, o tempo todo, com a beleza interior que existe em cada um de nós.

UMA CONVERSA DE CORAÇÃO A CORAÇÃO

INTRODUÇÃO

Depois da palestra principal, transcrita na primeira parte deste livro, Marshall conduziu uma oficina dirigida a educadores montessorianos na qual fez um exercício de representação de papéis com uma professora. No exercício, apresentado a seguir, ele pediu a ela que pensasse em alguém que tivesse feito alguma coisa que deixou sua vida menos maravilhosa. O objetivo era ajudar os participantes a aprender e praticar a CNV para expressar seus sentimentos e necessidades e também a se conectar de forma empática com os sentimentos e necessidades alheios. Lembrem-se sempre do propósito da CNV: criar uma qualidade de conexão que permita o acolhimento das necessidades de todas as pessoas e assim tornar a vida mais maravilhosa. Na transcrição a seguir, Marshall é identificado com as iniciais MR, e a professora, com a letra P.

MR: Para usar a CNV com essa pessoa, comece dizendo o que ela fez para deixar a sua vida menos maravilhosa. Então, o que foi que ela fez que você gostaria que não tivesse feito?

P: Essa pessoa é um menino de 3 anos de idade. Ele agarrou um de 5 pelo pescoço e o estava sufocando.

MR: Ótimo. Ainda não falei nada sobre o uso da força. Quando usamos força? Eu disse não para os castigos, mas não quis dizer que, em alguns momentos, não tenhamos de usar o que chamo de "força protetiva". É muito importante na CNV a distinção entre o uso da **força protetiva** e o da **força punitiva**. Há momentos em que não falamos – agimos. Este seria um caso em que eu agiria antes de falar. Usaria minha força para parar com aquilo. Não bateria, pois isso seria uma utilização punitiva da força. Estamos de acordo nisso: agimos para deter os comportamentos perigosos.

EXPRESSAR-SE SEM CRITICAR

O que podemos fazer a respeito de uma pessoa cujo comportamento não nos agrada para que ela considere a possibilidade de agir de outra forma? Minha recomendação é, como um primeiro passo, falar com sinceridade que aquilo que ela está fazendo não é a coisa mais legal do mundo que poderia fazer.

Se uma pessoa está batendo em alguém e se eu gostaria que ela percebesse que há outras formas de atender a suas necessidades, creio que a maneira mais poderosa de começar um diálogo com ela é falar de uma forma pela qual ela não se sinta criticada pelo que está fazendo. Se ela escutar qualquer crítica vinda de você, isso vai significar que ela está fazendo algo errado e vai fazer com que seja muito mais difícil se abrir para aprender outra possibilidade. Então como podemos dizer que o que ela está fazendo deve ser a melhor coisa que poderia fazer? Usamos a CNV para escutar o que ela está sentindo e de que está precisando. Entramos em sintonia com a mensagem transmitida por sua comunicação verbal e não verbal. Neste caso, ela se comunica batendo em alguém. Com a CNV, todas as mensagens são escutadas como expressões de sentimentos e necessidades. Já mencionei que, se você quiser que alguém mude de comportamento, a primeira coisa que precisa fazer é expressar, de forma clara e sincera, que compreende o que ela está fazendo sem que suas palavras pareçam crítica.

Vou contar uma história que ilustra isso. Há seis meses, na Suíça, uma senhora voltou para o curso, depois do almoço, e disse: "Muito obrigada, Marshall, pelo que você me disse essa manhã. Experimentei e nem posso acreditar quão profundos foram os resultados". Perguntei o que havia acontecido e ela respondeu: "Telefonei para casa durante o intervalo do almoço. Tenho tido problemas há dois anos com o meu filho de 15. Há dois anos ele vem fumando e durante todo esse tempo tenho falado para ele parar, mas, quanto mais falo, mais ele fuma. Entendi o que você disse sobre tentar mudar alguém – se quisermos que uma pessoa mude, se esse é o nosso objetivo, ela vai resistir. Então liguei para casa e quando o meu filho de 13 anos atendeu, perguntei onde estava o seu irmão. Ele estava no terraço dos fundos. Eu sabia que ele estava fumando porque havíamos combinado que, se fosse fumar, no mínimo não fizesse isso dentro de casa. Pedi que chamasse o irmão ao telefone". E ela me contou o que disse ao filho: "Seu irmão me disse que você estava no terraço fumando". Ele admitiu e ela contou que havia aprendido uma coisa durante o curso. Quando ele perguntou o que era, ela respondeu: "Aprendi que, se você está fumando, é porque essa é a coisa mais maravilhosa que poderia estar fazendo agora". Não era exatamente o que eu gostaria que ela falasse, pois é através da empatia que podemos demonstrar isso, não através de palavras. Mas funcionou para ela, porque ela entendeu. Perguntei qual foi a reação dele. Ela disse que foi algo bem profundo, considerando como vinham discutindo por dois anos. O que ele disse, depois de hesitar um pouco, foi: "Não tenho tanta certeza assim". Quando as pessoas não se sentem criticadas, não precisam usar sua energia para se defender. Podem começar a cogitar outras opções de comportamento.

NOSSO OBJETIVO – CONEXÃO EMPÁTICA PARA QUE AS NECESSIDADES DE TODOS SEJAM ATENDIDAS

Há um aspecto muito importante da CNV que ainda não mencionei. Trata-se de perguntar: "Qual é o seu objetivo?". Se for obter da outra pessoa o que queremos, isso não é CNV. Então, no caso, o objetivo não é fazer com que a criança de 3 anos pare de bater na outra.

Qual é o objetivo? É criar uma qualidade de comunicação que permita que todos tenham suas necessidades atendidas. Por exemplo, os professores podem perguntar: "Como faço para que uma criança pare de falar enquanto estou dando aula?". Eu diria: "Se esse for o seu objetivo, provavelmente ela não vai parar". Qualquer pessoa, de qualquer idade, vai achar que você tem um único propósito e por isso vai resistir.

E se não resistir, se vier a fazer o que você quer que ela faça, provavelmente você pagará por isso. Quando digo aos pais e professores que o objetivo deles nunca deve ser que a outra pessoa faça o que eles determinam, muitos acham que estou falando de permissividade; que estou dizendo que devem apenas deixar que as crianças façam o que bem entenderem. Lembre-se de que eu falei que precisamos criar uma qualidade de conexão que possibilite que as necessidades de todos sejam atendidas. No caso do garoto de 3 anos, para criar esse tipo de conexão, eu começaria por me conectar de forma empática com os sentimentos e necessidades manifestados pelas suas ações. Topa fazer isso agora?

P: Sim, é para isso que vim aqui.

ESCUTAR SENTIMENTOS E NECESSIDADES

MR: Ao utilizar a CNV, tudo o que escutamos são os sentimentos e necessidades da outra pessoa. Depois de interromper a briga, é hora de dialogar. A professora vai tentar escutar quais são os sentimentos e necessidades que levam a criança a ter um comportamento como aquele. Não se trata de julgar o comportamento como certo ou errado, como bom ou mau, e sim de manter a atenção totalmente focada naquilo que está no coração da criança no presente momento. Para isso, pergunta: "Você sente que...?" e, em seguida, vai tentar adivinhar o que ela está sentindo, acrescentando "porque você precisa de...". A professora vai escutar os sentimentos e necessidades que estão sendo manifestados com a atitude de bater na outra criança. Vamos começar com essa situação.

P: Phillip, você está chateado porque quer a bola?

MR (fazendo o papel da criança): Sim, ele nunca me empresta a bola. Sempre tira ela de mim. Nunca deixa a bola comigo.

P: Agora volto para o meu próprio estilo.

MR: Não, não, não.

P: Tem outro jeito?

MR: Ainda é muito cedo. Muitas vezes, a primeira mensagem que escutamos é apenas a ponta do iceberg e, por isso, precisamos ainda de umas cinco ou seis interações. Como achamos que já entendemos tudo e queremos logo resolver a situação, as outras mensagens não são percebidas. Vou mostrar a vocês como é uma pessoa "resolvedora". Se ela escuta: "Ninguém gosta de mim", vai logo dizer: "Olha, acho que é por causa do jeito que você trata os outros. Se você...". Viram? Ela rapidamente entra na situação e ensina o outro como fazer.

É preciso mais tempo. Já perguntei a muitas pessoas quantas vezes na vida elas puderam, em um momento de dor, contar com alguém que realmente tenha escutado seus sentimentos e necessidades. Mais da metade respondeu que nunca. Não eram capazes de lembrar-se de uma única vez em que receberam o que essa criança já recebeu: alguma empatia. E essa é realmente a palavra. Empatia: conectar-se com o que a outra pessoa está sentindo e precisando. Se você consegue essa conexão, ela terá uma maravilhosa oportunidade de explorar o que está acontecendo.

A pergunta foi: "Você está chateado e quer a bola?". Mas ele respondeu além disso – não falou apenas que queria a bola naquele momento. Mencionou que o outro garoto nunca dá a bola para ele. Essa é uma mensagem nova que precisa ser escutada com empatia. O que é que você escuta quando ele diz: "Ele nunca me empresta a bola, ninguém me empresta. Ninguém me deixa brincar."?

P: Phillip, você está triste porque quer brincar com os outros meninos?

MR (fazendo o papel da criança): Sim.

P: O que mais você está sentindo, Phillip?

SUA PRESENÇA É UM PRESENTE

MR: É preciso tomar cuidado com esse tipo de pergunta. É um tipo de pergunta que fornece a direção a ser seguida. Quando escutamos com empatia, não direcionamos; seguimos o outro. Não faça nada, apenas esteja lá. Sua presença é o presente mais precioso que você pode dar a alguém. Não faça nada, apenas fique ali simplesmente como já estava, escutando sentimentos e necessidades. Fique presente e escute. Ele está triste de verdade; tem uma necessidade de ser incluído que não está sendo atendida. E, se ele não tiver nada mais para dizer, talvez possa então escutá-la. Diga como está se sentindo depois de tê-lo escutado.

P: Phillip, estou muito preocupada com a segurança das crianças no parquinho.

MR: Vou mostrar porque isso não é CNV. Ao dizer como estava se sentindo, você não fez a ele nenhum pedido. Na CNV, nunca expressamos algum desconforto sem dizer de forma explícita e precisa o que queremos da outra pessoa. Do jeito que você falou, ele pode pensar que o que você quer é que ele se sinta culpado por ter feito você se sentir daquela maneira. Gosto do que você disse até agora, mas não pare. Termine dizendo o que você quer dele neste momento.

FAZENDO PEDIDOS CLAROS, REFERENTES AO MOMENTO PRESENTE

Vou mostrar a vocês o que acontece quando expressamos desconforto e não dizemos para a outra pessoa o que realmente estamos querendo.

Eu estava em um trem indo para o aeroporto. À medida que nos aproximávamos, a velocidade ia sendo reduzida. Agora estava muito devagar. Havia um senhor sentado à minha frente com sua esposa. Quando a velocidade do trem foi reduzida, ele ficou incomodado e exclamou: "Nunca vi um trem tão lento em toda minha vida". Percebam que ele estava extravasando seu desconforto, mas não estava dizendo o que queria. Apenas despejar um incômodo em cima da outra pessoa, sem dizer com clareza o que se está querendo, é uma coisa perigosa. E o que é que a esposa fez? Continuou sentada ali, aparentando estar bem tensa. Fiquei imaginando qual seria a resposta dela. E ela fez o que a maioria de nós faria quando não sabemos o que dizer: ficou ali, sem dizer nada. E o que é que ele fez? Em vez de perceber que ela não respondeu nada porque ele não dissera o que queria, ele imaginou que, se repetisse outras vezes o que havia dito antes, poderia ter, num passe de mágica, suas necessidades atendidas. Pela segunda vez exclamou: "Nunca vi um trem tão lento em toda a minha vida!". Amei a resposta que ela deu, mas acho que não era bem disso que ele precisava: "A velocidade é controlada eletronicamente". É isso o que acontece quando não expressamos com clareza o que precisamos e o que queremos de volta: recebemos um monte de conselhos e informações inúteis que não queremos e de que não precisamos. O que ele fez? Sim, vocês adivinharam! Pela terceira vez disse: "Nunca vi um trem tão lento em toda a minha vida!". Agora ela não aguenta: "E o que você quer que eu faça? Que desça e empurre?".

Portanto, não pare depois de ter aberto o seu coração. Você está preocupada e tem uma necessidade relacionada à segurança no parquinho. Qual é o pedido a ser formulado de forma objetiva? O que você quer dele naquele momento preciso?

P: Phillip, estou preocupada com a segurança das outras crianças no parquinho e gostaria que pensássemos juntos num jeito de você brincar na quadra de basquete sem que elas se machuquem.

MR: Estamos quase lá, mas perceba a diferença entre "gostaria que pensássemos juntos" e "gostaria que você me dissesse".

P: Gostaria que você me dissesse do que precisa para poder ir brincar na quadra de basquete e se sentir bem lá, sem que as outras crianças fiquem machucadas.

MR (fazendo o papel da criança): Não sei.

MR: Bom, pelo menos estão conectados. Talvez ele não saiba mesmo, mas agora é possível que comecem a olhar para alguma possibilidade. Talvez você possa sugerir alguma coisa, o que diria?

P: Phillip, será que você consegue imaginar outras coisas que poderia fazer em vez de bater em alguém quando quer a bola?

MR (fazendo o papel da criança): Não sei.

MR: Você pode sugerir alguma coisa. Ele me parece sincero e acho que realmente não sabe. Talvez conheça apenas a violência e pense nela como única opção. Sei de muitos adultos que, diante de um conflito, ou agridem fisicamente a outra pessoa ou ficam sem saber o que fazer. Não conhecem outra possibilidade. Você precisa dar uma sugestão concreta.

P: Sabe, Phillip, às vezes, quando quero alguma coisa, tento usar as palavras. Por exemplo, diria algo assim: "Vejo que você está com a bola de basquete amarela, e fico aqui pensando se eu poderia brincar com você".

MR: Você acha que ele compreendeu o que você acabou de dizer?

P: Não.

VERIFICANDO SE O SIGNIFICADO DA MENSAGEM FOI COMPREENDIDO

MR: Você não sabe se ele compreendeu, talvez sim, talvez não. Eu gostaria de descobrir se a mensagem enviada foi recebida. Posso assegurar a você que, provavelmente e pelos mais variados motivos, a maioria dos adultos escutaria uma coisa diferente. Então eu diria algo assim: "Gostaria que você repetisse o que me ouviu dizer para que eu saiba se expressei minha sugestão com clareza".

P: Phillip, o que você acha de falar isso com as suas próprias palavras?

MR (fazendo o papel da criança): Eu falei para ele me dar a bola e mesmo assim ele não deu.

P: Eu voltaria aos sentimentos dizendo: "Percebo que você ainda está muito frustrado porque queria a bola".

MR (fazendo o papel da criança): Sim, e usei as palavras, mas ele não me deu.

P: Bem, Phillip, se você quiser brincar na quadra de basquete, bater nas outras crianças para pegar a bola não é uma opção.

MR: Mas é, tanto que foi isso que ele fez. Ele sabe que essa é uma opção. Por que você mentiria para ele?

P: Não é uma opção nesta escola.

MR: Mas ele sabe que pode fazer isso. Veja o que aconteceu quando eu estava trabalhando em uma escola de ensino médio nos Estados Unidos. Um dos diretores não gostou quando eu disse que as pessoas sempre têm uma opção, sempre podem escolher. Ele afirmou que parecia óbvio que eu não conhecia as leis do estado do Missouri. Lá, as crianças têm de ir à escola até completarem 16 anos, e não há outra opção. Foi engraçado. Sabem por quê? O Conselho de Educação havia me contratado para trabalhar naquela escola porque tinham uma taxa de absenteísmo a cada dia de, no mínimo, 30%. E ali estava o diretor da escola me dizendo que, para os alunos, não existia a opção de não irem à escola. Trinta por cento dos alunos sabia que essa opção existia.

Vejamos como você pode transmitir a sua mensagem usando a CNV. Não é que não exista uma opção. A questão é: se você fizer determinada escolha, vai ter de ver o que vou fazer depois. Precisamos falar novamente sobre o uso protetivo da força. É importante deixar claro que, seja lá o que eu disser, não o farei com a intenção de punir.

Minha intenção não é punir, é proteger. Tenho uma necessidade. Talvez dissesse algo assim: "Se você fizer isso, vou te dizer o que farei". Não estou negando que ele tenha uma escolha; estou informando qual será a minha.

P: Phillip, sei que você quer muito brincar com a bola amarela na quadra de basquete. Não me sinto confortável quando as pessoas usam força física para pegar a bola. Assim, se essa for a sua escolha, teremos de sair da quadra e entrar para encontrar alguma outra atividade.

MR: Deixe-me checar outra coisa com ele.

MR (como MR): Pode me dizer o que a professora estava tentando te falar? Como ela se sente quando você bate numa outra criança?

MR (como criança): Ela disse que eu não devo fazer isso.

MR (como MR): Não a escutei dizendo isso. O que escutei foi ela dizer que está preocupada e que tem necessidade de manter a segurança das outras crianças.

No entanto, para que a outra pessoa escute sentimentos e necessidades, é preciso que seja um praticante de CNV. Da forma como ele a escutou, não acredito que isso tenha acontecido. Acho que ele se sentiu compreendido por ela, mas não estou certo de que tenha escutado sentimentos e necessidades. Por isso, perguntei ao garoto se poderia me dizer o que ela sentia e de que precisava. E o que ele ouviu foi que não deveria fazer aquilo. Se uma pessoa escuta que não deve fazer alguma coisa, de duas uma: ou ela continuará fazendo, ou vai parar de fazer, mas por um motivo pelo qual todos pagarão caro depois.

P: Posso fazer uma pergunta?

MR: Sim.

P: Não foi isso que aconteceu com o Phillip. Ele agarrou a outra criança e eu respirei dez vezes antes de me aproximar. Então perguntei: "Phillip, você pode me contar o que acabou de acontecer?". Ele respondeu que não deveria ter espirrado a cola. Falei que, naquele momento, eu não estava nada preocupada com a cola; estava preocupada com a segurança das crianças. Então ele disse que não deveria ter corrido pelo corredor e foi falando coisas assim...

MR: Isso acontece porque ele não enxerga a beleza que existe em você. Para ele, você é apenas a pessoa que diz o que ele tem de fazer. E ao te enxergar assim, fazer o que você quer que ele faça pode ser tão divertido quanto ir ao dentista. Enquanto ele estiver escutando o que você diz como "é-isso--que-você-tem-de-fazer", vai resistir ao que você quer ou vai acabar fazendo, mas com uma energia que vai ser ruim para todo mundo. Você já escutou adultos dizendo que não deveriam fumar, que precisam parar, que deveriam perder peso? Ao dizerem isso, estão opondo resistência. Não nascemos para ser escravos. "Deveria" é uma linguagem de escravos e as pessoas resistem a ela. Phillip está transmitindo uma importante mensagem quando diz "eu não deveria espirrar a cola. Eu não deveria bater nos outros". Ele não escutou a beleza daquilo que você disse; não escutou os seus sentimentos e necessidades. Por isso, você precisa checar mais de uma vez para ter certeza de que ele realmente ouviu o que você falou e não aquilo a que está acostumado.

MR (como MR): Phillip, vejo que a professora está preocupada porque ela tem necessidade de que todos estejam seguros. Você pode me dizer o que foi que ela disse?

MR (como criança): Que eu não devo bater nas outras crianças!

MR (como MR): Obrigado por me contar o que foi que você escutou. Para mim, foi uma coisa diferente e acho que é muito importante saber o que ela está sentindo.

Vejam, enquanto ele não a enxergar como outro ser humano, não vai achar graça em fazer alguma coisa para ela.

MR (como MR): Eu a escutei dizer que estava apreensiva e preocupada. Você pode dizer isso?

MR (como criança): Quê?

MR (como MR): Eu a escutei dizer que estava apreensiva e preocupada. Você pode repetir isso?

MR (como criança): Ela está apreensiva e preocupada.

MR (como MR): Gostaria que você escutasse as necessidades dela. Ela precisa que todos estejam seguros. Você pode falar isso para mim?

MR (como criança): Ela precisa que todos estejam seguros.

Agora temos uma conexão melhor e acho que vai ser mais fácil resolver o problema.

Haverá uma guerra e não uma solução se alguma exigência ou alguma crítica surgir antes de ter sido estabelecida uma conexão, antes de terem sido escutados os sentimentos e necessidades de ambos.

Agora que ele percebeu a sua necessidade, eu diria:

MR (como MR): O que será que podemos fazer para que tanto a sua necessidade de brincar com as outras crianças quanto a necessidade de segurança da professora sejam atendidas?

MR (como criança): Não sei.

MR (como MR): Vamos voltar para aquilo que ela tinha dito. Que tal pedir a bola para as outras crianças?

MR (como criança): Já fiz isso, mas elas não me deram!

MR (como MR): Como você pediu?

MR (como criança): Eu disse "me dá a bola"!

MR (como MR): Será que tem outra forma de pedir? Você pode pensar em alguma?

MR (como criança): Eles não me dariam a bola, não importa o jeito que eu peça.

Novamente, ele está expressando uma mensagem que requer compreensão.

MR (como MR): Você está desanimado para falar, parece que nada vai adiantar?

MR (como criança): Não vai mesmo. Ninguém me escuta.

MR (como MR): Você está triste por causa disso; gostaria que as pessoas te escutassem e não sabe o que fazer para que isso aconteça?

MR (como criança): É, meu pai nunca me escuta.

MR (como MR): Você fica triste em casa também. Quer que as pessoas te escutem?

MR (como criança): Sim.

MR (como MR): Fico feliz por você estar compartilhando esses sentimentos comigo. Isso me ajuda a entender que você não acredita muito que alguém vai te dar o que você quer, mesmo quando pede.

MR (como criança): Sim.

MR (como MR): Entendo. Mas eu gostaria de pelo menos tentar para ver o que acontece quando a gente pede de um jeito diferente. Você topa fazer isso comigo?

Eu percebi que era preciso escutar muito mais do que havia feito inicialmente. Existem muitos sentimentos em jogo, muito sofrimento por não ser escutado. Posso adiantar que você vai descobrir que a agressão vai parar apenas por causa dessa empatia, mesmo que não encontremos agora um jeito de resolver o problema. Com frequência, apenas compreender a dor que está por trás da agressão é suficiente para fazê-la cessar. Você gostaria de dizer alguma coisa ao Phillip enquanto estamos treinando?

P: Sim, gostaria de fazer algum tipo de verificação ou registro, ou ainda dizer algo como "Vamos tentar por mais uma hora e aí eu volto para ver como você está se saindo", ou...

MR: Isso poderá parecer como: "Gostaria de sugerir que você peça de um jeito um pouco diferente". Ou tentar algo como: "Phillip, que tal se na próxima vez que você quiser alguma coisa, em vez de dizer 'me dá a bola', você disser 'será que você poderia me dar a bola?' Você pode dizer isso? Vamos tentar assim, e aí você volta para me contar. Se não der certo, a gente pensa numa outra coisa. Você poderia fazer isso?". "Ok." "Ok, e você topa tentar isso em vez de bater?" "Ok." É esse o tipo de verificação a que você se refere?

P: Sim. Algumas vezes dizia: "Fale com as suas palavras, fale com as suas palavras" e então me dava conta de que as crianças não sabem quais palavras usar. Aí contava a elas o que eu costumava dizer em uma situação como aquela e elas treinavam comigo. Isso ajudava bastante.

MR: Claro. Fale com as suas palavras, mas algumas palavras podem piorar as coisas. Temos de dizer: "Quero te ensinar como falar a língua da girafa (usar a CNV) em uma situação assim". E aí fazemos a encenação de papéis, colocamos a criança na situação e mostramos como expressar sentimentos e necessidades; mostramos a ela como fazer exatamente aquilo que eu acabei de mostrar a você. Como começar a empatizar com o motivo pelo qual a outra criança não queria dar a bola. E aí mostramos como expressar sua dor de um jeito que não pareça exigência. Mais alguma questão?

P: Phillip, agradeço por você ter ficado aqui durante esse tempo e conversado comigo, porque eu realmente quero que você se divirta e que as outras crianças tenham segurança. Muito obrigada.

A GRATIDÃO PODE PARECER UM JULGAMENTO

MR: Vai ser difícil para o Phillip engolir essa porque **para as pessoas que falam a língua do chacal, uma das mensagens mais difíceis de receber é a expressão de gratidão**. Sobretudo quando manifestada em CNV, como a professora acabou de fazer.

Quero ressaltar que ela não se expressou como um chacal dizendo: "É muito bom que você tenha feito isso". Ela falou de coração, não o elogiou nem cumprimentou. Mostrou sua gratidão como sentimento e necessidade. Elogios e cumprimentos são coisas de chacal. Então, se ela o tivesse premiado com um julgamento positivo dizendo: "Você foi um excelente aluno por conversar comigo assim", isso seria tão violento quanto dizer: "Você é um péssimo aluno". Mas ela não fez isso; ela falou de coração.

É muito difícil para as pessoas que não usam a CNV escutar um agradecimento que vem do coração. Por quê? Porque no mundo em que vivem, a gratidão é escutada como julgamento. Escutar isso as faz pensar se são merecedoras da gratidão ou se se trata de um prêmio. Muitas vezes a expressão "muito obrigado" é utilizada como prêmio, o que estraga toda a beleza da gratidão.

Ele pode temer que isso seja mais uma espécie de manipulação. Da maneira como ela falou, não parecia ser. Ela falava de coração e expressou seus sentimentos ao dizer que sua necessidade foi atendida por ter conversado com ele. Pode ter sido difícil para ele, mas, mesmo assim, fico satisfeito que ela tenha dito. Ainda que seja difícil, ele precisa escutar. Gostaria até mesmo de verificar para ter certeza do que ele escutou perguntando:

MR (como MR): Você pode me contar o que me ouviu dizer a respeito de como eu me sinto sobre a nossa conversa?

MR (como criança): Que é assim que eu devo falar quando há um problema.

MR (como MR): Obrigado por me dizer que foi isso que você escutou, mas eu gostaria que você me escutasse de um jeito um pouco diferente. Gostaria que você soubesse como me sinto agradecido porque minha necessidade de conversar sobre as coisas, do jeito que fizemos, foi atendida. Você pode me dizer isso?

MR (como criança): Não sei.

MR (como MR): É importante para mim; vou repetir. Vou te falar do sentimento: eu me sinto agradecido. Pode repetir?

MR (como criança): Você se sente agradecido.

MR (como MR): Obrigado. E podermos nos conectar atende minha necessidade de me conectar com você. Você entende o que quero dizer com a palavra "conexão"?

MR (como criança): Um pouco.

MR (como MR): Quero dizer que atende à minha necessidade de que a gente se dê bem. Pode me dizer isso?

MR (como criança): Atende sua necessidade de se dar bem comigo.

MR (como MR): Obrigado por ter escutado isso.

Para mim é tão importante que as pessoas escutem minhas mensagens de agradecimento quanto as de desconforto. Quero ter certeza de que as escutam e não que escutam minha dor como crítica ou minha gratidão como cumprimento ou elogio. Ok? Obrigado por ter se voluntariado.

P: Obrigada.

RESUMO

Ao iniciarmos um diálogo com quem temos um conflito, a coisa mais potente a fazer é estabelecer um tipo de comunicação em que essa pessoa não se sinta criticada. O objetivo é criar uma qualidade de conexão (conexão empática) que possibilite que as necessidades de todos sejam atendidas. Escutamos usando a CNV para poder escutar os sentimentos e as necessidades. Sintonizamos na mensagem manifestada pela comunicação verbal e pela comunicação não verbal. Com a CNV, tudo o que escutamos é uma manifestação de sentimentos e necessidades. Na CNV também é muito importante identificar a diferença que existe entre a **força protetiva** e a **força punitiva**. É preciso sempre deixar bem claro que, seja lá o que for que falemos, nossa intenção nunca é punir, e sim proteger. Em vez de negar a escolha que a outra pessoa fez, dizemos qual é a escolha que vamos colocar em prática. Expressamos nossas necessidades fazendo pedidos claros e relacionados ao momento presente. Elogios, cumprimentos e agradecimentos são, com frequência, escutados como julgamentos. Para criar a qualidade de conexão que temos por objetivo, é importante que as pessoas escutem tanto o nosso agradecimento, como as expressões de nosso desconforto. É muito útil checar o que o outro escutou para termos certeza de que a mensagem recebida é igual à que foi emitida. E, por fim, mais que suas palavras, o maior presente que você pode dar a outro ser humano é a sua presença.

O que se perde com essa transcrição é a experiência de compartilhar tempo e espaço com Marshall Rosenberg ou com um dos instrutores certificados pelo Center for Nonviolent Communication. A força, o calor humano, o estímulo da mensagem da CNV são potencializados na presença de um instrutor treinado. A interação ao vivo com o público acrescenta uma dimensão ao processo de aprendizagem que é difícil trazer para o papel. Se quiser entrar em contato com um instrutor, por favor, acesse o site www.cnvc.org. Lá você poderá agendar um treinamento e encontrará uma lista dos instrutores e apoiadores da CNV em todo o mundo.

Leituras recomendadas:

Craig, James and Marguerite. *Synergic Power*. Berkeley, CA: Proactive Press, 1974.

Holt, John. *How Children Fail*. New York: Pitman, 1964.

Katz, Michael. *Class, Bureaucracy and the Schools*. Preager Text Publishers, 2nd ed., 1975.

Katz, Michael. *School Reform: Past and Present*. Boston, Little, Brown & Co., 1971.

Mager, Robert. *Preparing Instructional Objectives*. Fearon Pub., 1962.

Milgram, Stanley. *Obedience to Authority*. New York: Harper and Row, 1974.

Postman, Neil and Weingartner, Charles. *Teaching as a Subversive Activity*. Delacorte, 1969.

Postman, Neil and Weingartner, Charles. *The Soft Revolution: A Student Handbook for Turning Schools Around*. New York: Delta, 1971.

Rogers, Carl. *Freedom to Learn*. Charles E. Merrill, 1969. [*Liberdade para aprender*. Belo Horizonte: Interlivros, 1969.]

Rosenberg, Marshall. *Mutual Education: Toward Autonomy and Interdependence*. Seattle: Special Child Publications, 1972.

OS QUATRO COMPONENTES DA CNV

Expressar, objetivamente, como **eu estou**, sem culpar ou criticar.

Receber, empaticamente, como **você está**, sem ouvir recriminações ou críticas.

OBSERVAÇÕES

1. O que eu observo (*vejo, ouço, lembro, imagino, livre de minhas avaliações*) que contribui, ou não, para o meu bem-estar:

   "Quando eu (vejo, ouço, ...) ..."

1. O que você observa (*vê, ouve, lembra, imagina, livre de suas avaliações*) que contribui, ou não, para o seu bem-estar:

   "Quando você (vê, ouve, ...) ..."
   (Coisas que recebemos empaticamente, mesmo que não tenham sido ditas dessa forma.)

SENTIMENTOS

2. Como eu me sinto (*emoção ou sensação em vez de pensamento*) em relação ao que observo:

   "Eu me sinto ..."

2. Como você se sente (*emoção ou sensação em vez de pensamento*) em relação ao que você observa:

   "Você se sente ..."

NECESSIDADES

3. De que eu preciso ou o que é importante para mim (*em vez de uma preferência ou de uma ação específica*) – a causa dos meus sentimentos:

   "... porque eu preciso de / porque é importante para mim ..."

3. De que você precisa ou o que é importante para você (*em vez de uma preferência ou de uma ação específica*) – a causa dos seus sentimentos:

   "... porque você precisa de / porque é importante para você ..."

Faço um pedido claro, sem exigir, de algo que enriqueceria **minha** vida.

Recebo empaticamente o seu pedido de algo que enriqueceria **sua** vida, sem ouvir como uma exigência.

PEDIDOS

4. As ações concretas que eu gostaria que ocorressem:

   "Você estaria disposto/a ...?"

4. As ações concretas que você gostaria que ocorressem:

   "Você gostaria de ...?"
   (Coisas que recebemos empaticamente, mesmo que não tenham sido ditas dessa forma.)

LISTA DE ALGUNS SENTIMENTOS UNIVERSAIS

Sentimentos quando as necessidades estão atendidas:

- admirado
- agradecido
- aliviado
- animado
- comovido
- confiante
- confortável
- curioso
- emocionado
- esperançoso
- feliz
- inspirado
- motivado
- orgulhoso
- otimista
- realizado
- revigorado
- satisfeito
- seguro
- surpreso

Sentimentos quando as necessidades não estão atendidas:

- aborrecido
- aflito
- assoberbado
- confuso
- constrangido
- desanimado
- decepcionado
- desconfortável
- frustrado
- impaciente
- impotente
- intrigado
- irritado
- nervoso
- preocupado
- relutante
- sem esperança
- solitário
- triste
- zangado

LISTA DE ALGUMAS NECESSIDADES UNIVERSAIS

Autonomia
- escolher sonhos/propósitos/valores
- escolher planos para realizar os próprios sonhos, propósitos, valores

Bem-estar físico
- abrigo
- água
- ar
- comida
- descanso
- expressão sexual
- movimento, exercício
- proteção contra ameaças à vida: vírus, bactérias, insetos, animais predadores
- toque

Celebração
- celebrar a criação da vida e os sonhos realizados
- lamentar perdas: de entes queridos, sonhos etc. (luto)

Comunhão espiritual
- beleza
- harmonia
- inspiração
- ordem
- paz

Integridade
- autenticidade
- criatividade
- sentido
- valor próprio

Interdependência
- aceitação
- acolhimento
- amor
- apoio
- apreciação
- compreensão
- comunidade
- confiança
- consideração
- contribuição para o enriquecimento da vida
- empatia
- honestidade (a honestidade que nos permite tirar um aprendizado de nossas limitações)
- proximidade
- respeito
- segurança emocional

Lazer
- diversão
- riso

SOBRE A COMUNICAÇÃO NÃO VIOLENTA

Do dormitório às altas esferas de decisão empresarial, da sala de aula à zona de guerra, a CNV está mudando vidas todos os dias. Ela oferece um método eficaz e de fácil compreensão que consegue chegar nas raízes da violência e do sofrimento de um modo pacífico. Ao examinar as necessidades não atendidas por trás do que fazemos e dizemos, a CNV ajuda a reduzir hostilidades, curar a dor e fortalecer relacionamentos profissionais e pessoais. A CNV está sendo ensinada em empresas, escolas, prisões e centros de mediação no mundo todo. E está provocando mudanças culturais, pois instituições, corporações e governos estão integrando a consciência própria da CNV às suas estruturas e abordagens de liderança.

A maioria tem fome de habilidades que melhorem a qualidade dos relacionamentos, aprofundem o sentido de empoderamento pessoal, ou mesmo contribuam para uma comunicação mais eficaz. É lamentável que tenhamos sido educados desde o nascimento para competir, julgar, exigir e diagnosticar – pensar e comunicar-se em termos do que está "certo" e "errado" nas pessoas. Na melhor das hipóteses, as formas habituais de falar atrapalham a comunicação e criam mal-entendidos e frustração. Pior, podem gerar raiva e dor e levar à violência. Inadvertidamente, mesmo as pessoas com as melhores intenções acabam gerando conflitos desnecessários.

A CNV nos ajuda a perceber além da superfície e descobrir o que está vivo e é vital em nós, e como todas as nossas ações se baseiam em necessidades humanas que estamos tentando satisfazer. Aprendemos a desenvolver um vocabulário de sentimentos e necessidades que nos ajuda a expressar com mais clareza o que está acontecendo dentro de nós em qualquer momento. Ao compreender e reconhecer nossas necessidades, desenvolvemos uma base partilhada que permite relacionamentos muito mais satisfatórios.

Junte-se aos milhares de pessoas do mundo todo que aprimoraram seus relacionamentos e suas vidas por meio desse processo simples, porém revolucionário.

SOBRE O CENTER FOR NONVIOLENT COMMUNICATION

O CENTER for Nonviolent Communication (CNVC) é uma organização global que apoia o aprendizado e a partilha da Comunicação Não Violenta e ajuda as pessoas a resolver conflitos de modo pacífico e eficaz no contexto individual, organizacional e político.

O CNVC é guardião da integridade do processo de CNV e um ponto de convergência para informação e recursos relacionados à CNV, inclusive treinamento, resolução de conflitos, projetos e serviços de consultoria organizacional. Sua missão é contribuir para relações humanas mais sustentáveis, compassivas e que apoiem a vida no âmbito da mudança pessoal, dos relacionamentos interpessoais e dos sistemas e estruturas sociais, tais como nos negócios, na economia, na educação, justiça, sistema de saúde e manutenção da paz. O trabalho de CNV está sendo realizado em 65 países e crescendo, tocando a vida de centenas de milhares de pessoas por todo o mundo.

Visite o site **www.cnvc.org**, onde poderá saber mais sobre as atividades principais da organização:

- Programa de Certificação
- Treinamentos Intensivos Internacionais
- Formação em CNV
- Patrocínio de projetos de mudança social através da CNV
- Criação ou ajuda na criação de materiais pedagógicos para ensinar CNV
- Distribuição e venda de materiais pedagógicos de CNV
- Ligações entre o público em geral e a comunidade de CNV

The Center for Nonviolent Communication
1401 Lavaca St. #873 | Austin, TX 78701-1634 USA.
Tel: 1 (505) 244-4041 | Fax: 1 (505) 247-0414

SOBRE O AUTOR

Marshall B. Rosenberg, Ph.D., fundou e foi diretor de serviços educacionais do Center for Nonviolent Communication – CNVC, uma organização internacional de construção de paz. Além deste livro, é autor do clássico *Comunicação Não Violenta* e de muitas obras sobre este tema. Marshall foi agraciado com o Bridge of Peace Award, da Global Village Foundation, em 2006, e com o prêmio Light of God Expressing Award, da Association of Unity Churches International, no mesmo ano.

Tendo crescido num bairro violento de Detroit, Marshall interessou-se vivamente por novas formas de comunicação que pudessem oferecer alternativas pacíficas às agressões que ele presenciou. Esse interesse motivou seus estudos até o doutorado em Psicologia Clínica da University of Wisconsin em 1961, onde foi aluno de Carl Rogers. Estudos e vivências posteriores no campo da religião comparada motivaram-no a desenvolver o processo de Comunicação Não Violenta.

Marshall aplicou o processo de CNV pela primeira vez em um projeto federal de integração escolar durante os anos 1960 com a finalidade de oferecer mediação e treinamento em habilidades de comunicação. Em 1984 fundou o CNVC, que hoje conta com mais de duzentos professores de CNV afiliados, em 35 países do mundo inteiro.

Com violão e fantoches nas mãos e um histórico de viagens a alguns dos lugares mais violentos do planeta, dotado de grande energia espiritual, Marshall nos mostrou como criar um mundo mais pacífico e satisfatório.